MANERAS DE VIVIR

Maneras de vivir
Primera Edición
© Rosa Montero, 2014
c/o Agencia Literaria Carmen Balcells
© Sobre esta edición: Colección Bovarismos
La Pereza Ediciones, Corp, 2014
Editor: Greity González Rivera
Diseño de cubierta: Eric Silva

Impreso en Estados Unidos de América

ISBN-13: 978-0615989860 (La Pereza Ediciones)

ISBN-10: 0615989861

www.laperezaediciones.com

MANERAS DE VIVIR

ROSA MONTERO

La Pereza Ediciones

ÍNDICE

Actitud

Ya sabemos que estas celebraciones de fin de
año son una pura convención, pero, ¿no es
magnífico que un viejo ritual nos ayude a parar
por un instante la velocidad aturdidora del
tiempo y a reflexionar siquiera un poco sobre
nuestro pasado y nuestro porvenir? O sea, a
replantearnos la existencia.

Yo, que ya he vivido lo bastante como para
aprender que la felicidad es la ausencia de dolor, me deseo y os deseo eso: un futuro sin
demasiados mordiscos. Pero en realidad somos
capaces de hacer más, mucho más. Porque no
podemos controlar lo que nos sucede, pero sí
la manera en que respondemos a lo que nos
sucede. Hay que vivir con *panache* (literalmente,
penacho, pluma), como Cyrano de Bergerac,
cuyas últimas palabras antes de morir son, pre-

9

cisamente, "mon panache", un término que representa la virtud de la bravura modesta, de la vitalidad y el sentido del humor ante la adversidad. Tengo un amigo que suele decir, citando a Viktor Frank: "Lo único que no te pueden quitar es la actitud". Nadie te puede quitar la belleza de los árboles desnudos que se estiran por las mañanas rechinantes de escarcha; la emoción y el orgullo de saber que, si te sucede algo a media noche, siempre habrá un amigo o una amiga dispuesto a ayudar; los momentos de risa y bienestar con la gente que quieres, esas carcajadas tontas y niñas que te dejan sin fuerza en los costados; la pasión de leer, de aprender, de escuchar música, de ver un cuadro hermoso, una película, de pasear por una ciudad, una playa, un monte. La gloriosa sensualidad del cuerpo, de sentirte lo suficientemente sano, de oler y acariciar a un hijo pequeño o a un animal querido, de oler y disfrutar el cuerpo de tu amante. Me deseo y os deseo todo esto en 2014. Mucho *panache*, mucha actitud y serenidad para saber gozar de la indudable belleza de la vida.

El País, 31/12/2013

Amor y Feria

Terminó la Feria del Libro de Madrid. Y encima ha ido bien, para salvación *in extremis* de esos profesionales tan necesarios que son los libreros. Me encanta esta Feria, punto de encuentro único entre los autores y los lectores. Aunque esto de las firmas de los escritores es un ejercicio sadomasoquista. Firmar te enseña muchas cosas; yo he aprendido, por ejemplo, que un día puedes tener una larga cola esperando tu firma y al otro puedes estar mano sobre mano, como me pasó hace un par de meses en una feria en Francia. Quiero decir que ni el éxito ni el fracaso son estaciones de destino sino de paso, intercambiables y efímeras; y esa es una inmensa, profundísima enseñanza sobre la vida.

13

Si vienen a pedir tu firma, te sientes querido y entendido. Te embarga una gratitud enorme por cada lector. Pero cuando no viene nadie, la cosa es muy difícil: tú estás ahí, expuesto y frágil, y la gente pasa sin mirarte o, aún peor, ojea tu libro y luego lo abandona. El rechazo es público y notorio, mientras que, a tu lado, otro autor tiene una cola de los mil demonios. Hay que reconocer que los escritores poseen coraje emocional: hace falta ser valiente para someterse a un desdén tan estrepitoso. Imaginen una feria de cirujanos, por ejemplo, y que los pacientes se acercaran a decirles: oiga usted, qué apendicitis más horribles hace. A ver cuántos médicos aguantarían eso hora tras hora. Pero lo más conmovedor es el amor que los escritores tenemos por nuestros libros. Cuántos autores poco vendidos he conocido que, tras una tarde sin firmar, exclaman con melancólica sorpresa: "¡Pero si todos los que leen mi novela

14

dicen que no puede dejarla!". Todos estamos convencidos de que, si leyeran nuestros libros, los amarían, de la misma manera que creemos que la oculta ternura de nuestro corazón nos hace dignos de ser amados. Así se van labrando los infortunios.

El País, 17/06/2013

La elección

"Nada de lo humano me es ajeno", dijo el romano Terencio, y es verdad: si miramos bien dentro de nosotros ahí está todo, lo sublime y lo atroz, la capacidad para acabar convertido en un ángel o un verdugo. Y, dentro de ese casi infinito abanico de posibilidades, uno escoge. Uno siempre escoge aunque no lo sepa porque la pasividad también es una elección. Que te compromete, y te mancha como cualquier otra. Escogemos todos, pues, los individuos y las sociedades, y podemos dejarnos llevar por nuestros peores instintos, por las emociones más primarias y más bárbaras, o levantar la cabeza, aplicar la empatía y la razón, intentar ser mejores de lo que somos, mirar lo grande

17

que es el cielo, como decía Hipatía en la bella película de Amenábar.

No son tiempos buenos. Pienso en la delirante carnicería del centro comercial de Nairobi, en la xenofobia creciente y la indiferencia ante morideros como Lampedusa, en la violencia de los matones griegos de Amanecer Dorado. Gabi Martínez cita en su libro *Sólo para gigantes* un brutal proverbio beduino: "Yo contra mi hermano/ Yo y mi hermano contra nuestro primo/ Yo, mi hermano y nuestro primo contra los vecinos/ Todos nosotros contra el forastero". Y en *Yo soy Malala*, la autobiografía de la niña paquistaní a la que los talibanes dispararon en la cabeza por querer ir a la escuela, se cuenta que, entre los pastunes, el pueblo de los talibanes y de la propia Malala, las reyertas entre familiares y vecinos son tan comunes que la palabra *primo* también quiere decir *enemigo*. Esa actitud tremenda, tribal, hostil, deshumanizadora, violenta, de considerar al otro un contrario a abatir, es un sucio y primitivo veneno que llevamos todos en la barriga. Tenemos que ser capaces de combatirlo. Y para eso hay que elegir. Por cierto: Malala eligió, y en condiciones durísimas. Todo un ejemplo.

El País, 07/10/2013

19

Navidad

¿Qué se puede hacer en Navidad?

Se puede uno asomar a la ventana y mirar el mundo. Con calma. Sin tiempo. Saboreando el aquí y el ahora. Contemplando el arbolito de la esquina, que siempre miras sin ver. Ahora puedes observar las ramas que el frío ha desnudado, y la gallardía con que aguanta el bufido tóxico de los autobuses, los corrosivos orines de los perros, la escasez de agua, la calcinación de los veranos y la escarcha de las madrugadas invernales. No es de extrañar que al pobre arbolito se le vea tan canijo y deslucido. Pero, aún así, está vivo. Como tú, a pesar del agobio de estos tiempos.

Se puede uno ahorrar los sarcasmos en la comida familiar. No hace falta que le demuestres nada a tu madre, tu padre, tus hijos, tus cuñados, tus suegros. La comida de Navidad no es el teatro en el que debes representarte. Cada vez que tengas la tentación de responder con una ironía emponzoñada a ese familiar que te cae tan mal, cómete un polvorón. Recuerda los años anteriores: armar la bronca no sólo no te liberó de la agresividad, no sólo no te hizo sentir bien, sino que te amargó la tarde y te arrepentiste de haber estallado. Mejor enmudecer a golpe de mantecados.

Se puede olvidar por unas horas esas preocupaciones obsesivas, esas heridas del alma que arrastras a la espalda. No le des tanta importancia a tus problemas: nadie más lo hace.

Se puede intentar no repetir veinte veces al día que odias estas fiestas. E, incluso, puedes dejar salir por un instante al niño que llevas secuestrado dentro de ti. Quizá te revuelvas contra la Navidad porque los villancicos te

22

pellizcan en algún recóndito lugar de la memoria. Pero hoy no es ayer. Concéntrate en lo pequeño. En la comida rica. En celebrar el milagro de que haya gente que te quiera. No seas pelma. Relájate y disfruta.

El País, 24/12/12

Mujeres que hablan de sus vidas

La buena noticia es que, en el transcurso de las cuatro o cinco últimas generaciones, el mundo ha dado un salto gigantesco hacia la superación del sexismo, cambiando de manera drástica (al menos, en Occidente) unos modos de vida milenarios. La mala noticia es que, sí, en efecto, el machismo aún perdura. Y además, ese machismo es una ideología en la que se nos educa a todos, hombres y mujeres, de manera que nosotras también caemos como moscas en las trampas sexistas.

Por ejemplo, lo dije hace ya años y lo he repetido varias veces, pero es una de esas obviedades que por desgracia hay que remachar, porque sigue ocurriendo: me desespera que, cuando una autora escribe una novela protago-

25

nizada por una mujer, todo el mundo piense que está hablando de mujeres, mientras que cuando un hombre escribe una novela protagonizada por un varón, todo el mundo piensa que está hablando del género humano. Y lo peor es que en este reduccionismo machista participan también muchas lectoras; montones de mujeres que creen que, por poner un personaje principal femenino, estás hablando específicamente de "nosotras". Pues no. No es verdad. Al menos, no es verdad para mí. Yo no tengo ningún interés en hablar de mujeres; quiero hablar del género humano, pero es que la mitad de ese género humano es femenino. E incluso si en mis libros aparece en algún momento una referencia a las limitaciones sociales que pudo encontrar una mujer por el sexismo, con ello *también* estoy hablando de los hombres, porque los varones participan en esa situación sexista, también es cosa de ellos. Es un juego a dos, en fin, cosa que entendemos perfectamente cuando leemos una novela sobre los magnates de la industrialización y los obreros, por ejemplo. Pero con las mujeres, ay, con las mujeres seguimos sin verlo tan claro.

Se me han venido de repente a la cabeza todas estas ideas sobre literatura y machismo porque acabo de leer, uno detrás de otro, tres libros de mujeres que acaban de publicarse y que, curiosamente, son todos de alguna manera autobiográficos. Y resulta que, cuando empecé a publicar narrativa hace treinta y cuatro años, en nuestra sociedad, mucho más sexista por entonces, corría el despectivo tópico de que las autoras solían escribir novelitas testimoniales en las que contaban sus pequeñas vidas. Hablar de lo personal en una mujer, en fin, era sinónimo de insustancialidad y de nadería literaria. Mientras que a los varones que utilizaban recursos biográficos eso jamás se les tuvo en cuenta.

Una prueba innegable de que hemos mejorado y de que la torpe estructura del sexismo, que es una jaula que nos apresa a todos, se sigue derrumbando día tras día, es que hoy ese tópico ya no tiene apenas defensores. Así que ahora podemos disfrutar más libremente de textos tan bellos como los que han redactado estas tres mujeres al hilo de sus vidas. El primero, y más clásico, dicho en el sentido mejor de la palabra, es *Tiempo de inocencia* de Carme Riera (Alfaguara), unas memorias de niñez escritas con esa maravillosa elegancia y esa madurez expresiva que es el sello distintivo de la autora. Un libro con amor y humor, envuelto en un punzante aroma de nostalgia. "Inventamos la literatura para escribir sobre cuanto hemos perdido", dice Carme. Estoy de acuerdo con ella, aunque no sólo; también creo que escribimos para intentar otorgarle al mal y al dolor un sentido que en realidad sabemos que no tienen.

Otro libro personal y conmovedor es *Un comunista en calzoncillos*, de la argentina Claudia Piñeiro (Alfaguara). Es probablemente el más original de los tres, una mezcla de relato corto y memoria biográfica, con añadidos que forman una especie de rompecabezas y que se pueden pegar a lo que estás leyendo en el orden que quieras (muy cortazariano) y con fotos preciosas de la infancia de la autora. Lleno de intimidad, de emoción y a la vez, paradójicamente, de ficción.

Y por último está libro de Laura Freixas *Una vida subterránea* (Errata Naturae), que es nada más y nada menos que su diario íntimo de los años 1991 al 1994, publicado ahora casi sin retocar. Y este texto, aunque no sea el más original, sin duda es el más sorprendente, porque en España no tenemos apenas tradición de este tipo de memorialismo de altura, sincero y al mismo tiempo literario, y mucho menos escrito por una mujer. Un texto que sorprende por su autenticidad, que se lee con fascinación y cuya degustación sólo puede ser enturbiada por el morbo de saber a qué famoso se está refiriendo cuando critica a alguien oculto bajo siglas. O sea: cuando hablan de sí mismas, las mujeres pueden ser así de apasionantes. Porque resulta que también están hablando de la vida de todos.

El País, 07/07/ 2013

Sueños delatores

Los sueños, esa otra vida secreta que tenemos por las noches, siempre han fascinado a los seres humanos. ¿Por qué soñamos? Lo cierto es que no se sabe con seguridad. A lo largo de la Historia se han barajado diversas explicaciones a ese conjunto de imágenes tan raras y tan vívidas que de repente se nos encienden en la cabeza mientras dormimos. Lo más tentador, naturalmente, ha sido considerarlos un mensaje del otro mundo, puesto que la vida dormida parece una existencia paralela, más allá de las fronteras de lo real. Santones, adivinos y profetas han visto en los sueños su teléfono directo con las divinidades, la vía más idónea para recibir los mensajes sagrados. Pero no es necesario ser un gurú profesional para ponerse a interpretar los propios sueños como un desaso-

31

segante aviso de ultratumba. Calpurnia, la mujer de Julio César, tuvo repetidas pesadillas que le hicieron colgarse del cuello de su marido implorándole que no acudiera al Senado el día que fue asesinado, o eso cuenta la conocidísima leyenda (claro que quizá la buena señora fuera una paranoica y se le colgara del cuello cada vez que salía de casa, las leyendas nunca cuentan los pronósticos fallidos); y los guerreros del pasado, desde Alejandro el Magno a Solimán el Magnífico, solían mostrar una inquietante tendencia a soñar estrategias y augurios en la víspera de las grandes batallas. Cosa que por otra parte no me extraña, porque incluso hoy resulta difícil escapar por completo de la pegajosa verosimilitud que tienen algunos sueños, del temor ancestral e irracional a que sean un presagio.

Luego está la parte interpretativa de la psique, el simbolismo freudiano del inconsciente.

También en este territorio ha habido mucha basura, muchos manuales absurdos que aseguran, por ejemplo, que soñar con fuego tiene connotaciones sexuales u otras tonterías semejantes. Pero si se intenta comprender de forma rigurosa qué representa cada sueño para cada persona, creo que la interpretación puede tener bastante sentido. Porque los sueños nacen del inconsciente, o al menos mantienen un contacto más directo con él, más libre de represiones y controles; así que resulta razonable pensar que nuestros sueños, o al menos algunos de ellos, nos describen de una manera simbólica y profunda. Que hablan de nuestras angustias y de nuestros deseos, aunque a menudo no sepamos comprenderlos. Quiero decir que son una especie de lenguaje. Confuso y aproximativo, pero lenguaje.

Aunque todavía no hay una explicación científica definitiva sobre la causa de los sueños, las últimas y más plausibles teorías apuntan al hecho de que esas imágenes intensas que tantos santones tomaron por la voz de Dios, son en realidad la basura del cerebro, una descarga de nuestro sistema neuronal. Mientras dormimos, el cerebro sigue activo y se "limpia" automáticamente, como el ordenador que se queda autoanalizándose mientras nosotros nos vamos a la cama. Lo cierto es que necesitamos los sueños de manera esencial; diversos experimentos han demostrado que, si se permite dormir a los sujetos pero se les impide soñar (un 25% de nuestras noches las pasamos soñando y esos periodos son identificables por los rápidos movimientos de los ojos bajo los párpados cerrados), a los pocos días los individuos están agotados y padecen claros desequilibrios psíquicos. Soñar regula nuestra mente.

Pero para experimento espectacular y espeluznante, el que acaban de hacer en el Laboratorio de Neurociencia Computacional ATR de Tokio, según recoge la revista Science. Un tal Yukiyasu Kamitani convenció no sé cómo a tres pobres sujetos a que se prestaran a la tortura de pasarse largas sesiones de tres horas al día, durante diez días, metidos dentro de un claustrofóbico y ensordecedor tubo de resonancia magnética. Cuando los sujetos se dormían en el tubo, pese a todo (supongo que se someterían a un drástico programa de vigilias para lograrlo), y empezaban a soñar, los investigadores los despertaban y les pedían que describieran las imágenes oníricas que estaban teniendo. Este proceso se repitió hasta 200 veces con cada sujeto. Y ahora viene la parte aterradora y despampanante del experimento: cruzando por ordenador los gráficos de la resonancia magnética con los contenidos expresados por los durmientes, Kamitani ha logrado "adivinar" con un 60% de acierto en qué esta-

35

ban soñando sus sujetos con sólo ver el dibujo de las ondas cerebrales. Si estos resultados son fiables, lo que implica es tremendo: sería el primer paso para conseguir una máquina capaz de leer los pensamientos. Al final va a ser verdad que los sueños son la llave de nuestra mente.

El País, 12/05/2013

Montoncitos de palabras mágicas

En mi inútil afán por ordenar el caos del mundo, suelo apuntar en un cuaderno ideas para los artículos periodísticos, así como algunas frases de autores conocidos con las que he ido tropezando a lo largo de mi vida y que me han gustado especialmente. Cuando el cuaderno se llena, copio a una nueva libreta las notas que aún no he utilizado y todas las citas. Estas últimas no son muchas; casi todas me las conozco de memoria, porque han ido pasando de cuaderno en cuaderno durante muchos años. Aún así, las anoto de nuevo, porque desconfío de mi amnésica cabeza y temo confundir el autor o cambiar alguna preposición, si algún día quiero usarlas. Además, me gusta volver a recordarlas y tenerlas ahí cerca. A decir verdad,

37

es una tonta manía de la que no había sido plenamente consciente hasta ahora. O sea, hasta ayer, cuando volví a pasar, una vez más, el contenido de una libreta vieja a un nuevo bloc. Me vi reescribiendo por enésima vez esas frases aisladas, algunas conocidísimas, otras mucho menos, y me pregunté por qué, de entre los millones de citas célebres que pululan por el mundo (y de entre los centenares que yo debo de haber utilizado en mis textos a lo largo de los años), sólo insisto en conservar y reescribir estas poquitas. Son curiosas estas fijaciones que los humanos sentimos por las palabras, esto es, por unas palabras concretas, por unas frases específicas, por unos versos que quizá no sean los más bellos de la historia, pero que nos resuenan dentro. A través de estos montoncitos de palabras podríamos hacer una radiografía de nuestro inconsciente. A fin de cuentas, el psicoanálisis es algo parecido: al elegir nuestras palabras nos revelamos.

Y también, como en este caso, al elegir las palabras dichas por los demás. Ojeo el cuaderno y leo algunas citas. Cuatro de ellas, que voy a transcribir aquí juntas aunque en la libreta están desperdigadas, dan una imagen coherente y estremecedora de la existencia: "El hombre es un Dios en ruinas", de Ralph Emerson. "La vida es un pánico en un teatro en llamas", de Sartre. "El hombre es el sueño de una sombra", de Píndaro, y la monumental y maravillosa "La vida es una historia contada por un necio, llena de ruido y furia, que nada significa", del *Macbeth* de Shakespeare. Caramba, me digo, vaya percepción más desesperada de la realidad. ¡Y yo que me tengo por una vitalista! Pero tal vez la desesperación y el vitalismo no estén reñidos. Tal vez si amas la vida te atormente aún más su oscuridad.

He aquí dos frases más que también guardan cierta relación entre sí. La celebérrima "Hay otros mundos pero están en éste", de Paul Éluard, y una de mis favoritas: "El yo es un movimiento en el gentío", de Henry Michaux. Las dos hablan de la identidad y de la multiplicidad de miradas sobre la realidad. Michaux, en concreto, describe con cristalina limpieza cómo el yo no es más que un dibujo fugitivo, una fórmula en constante cambio entre los diversos yoes que nos habitan. Un relámpago combinatorio en la confusión de la muchedumbre interior.

Veo otras tres citas interconectadas: "Todo el que aspire a ser un auténtico científico debe dedicar al menos media hora al día a pensar al contrario que sus colegas", dijo Einstein. "Hasta en la cabeza del hombre más inteligente hay un rincón de estupidez", dijo un lapidario Aristóteles. Y una cita encantadora que me gusta especialmente: "El pollo es simplemente la manera que el huevo tiene de hacer otro huevo", de Butler. Aquí estamos hablando de una actitud intelectual; de la necesidad de esforzarse en ver el mundo fuera de las rutinas y los prejuicios mentales. De ponerse incluso en el lugar del huevo, para ver si existe otra manera de contemplar y entender las cosas. Y de no perder nunca de vista la mentecatez congénita que todos arrastramos.

Sólo quedan cuatro o cinco citas más en el cuaderno, pero ya no me caben en el artículo. Así es que seleccionaré dos: "Creo haber encontrado el eslabón perdido entre los animales y el *homo sapiens:* somos nosotros", dijo Konrad Lorenz, el padre de la etología, bajándonos los humos de nuestras pretensiones de reyes de la creación. Y estos bellos versos de Pessoa que definen tan bien la dualidad del escritor, que es un ser que vive para sentir y siente para escribir: "El poeta es un fingidor/ finge tan completamente/ que finge sentir dolor / del dolor que en verdad siente". En fin, este es mi pequeño montoncito de palabras mágicas, mis muletas para la cojera, mi equipaje.

El País, 15/06/2007

42

Elogio de la infidelidad

Hace un par de semanas, Sarkozy cometió su penúltima metedura de pata al salir de una reunión con sus ministros llevando una carta comprometedora bajo el brazo. Sarkozy, ya se sabe, es una mina para la prensa; su permanente agitación y su autocomplaciente exuberancia lo convierten en una presa tentadora. Aun así, resulta sorprendente lo mucho que le interesa al personal el tema de la infidelidad. Todos los periódicos del mundo han reproducido la insustancial carta que llevaba, han elucubrado sobre la posibilidad de que fuera de una amante y han terminado publicando la explicación oficial: una mujer ha reconocido su autoría y ha declarado que era una misiva para Cecilia, la esposa del político. Que Sarkozy tenga o no

43

una amante me parece un asunto baladí; lo verdaderamente inquietante es que se dedique a leer cartas personales en las reuniones con sus ministros, y que sea tan panoli como para salir con la hoja bien visible y permitir que todo el mundo se la fotografíe.

Pero, al hilo de todo esto, me puse a rumiar sobre la condición humana, utilizando a Sarkozy como una mera excusa para el juego. Hipótesis uno: pongamos que la carta fuera de una amante. ¿Por qué la llevaría tan a la vista? Pues tal vez por un pueril exhibicionismo, o por esa pulsión fatal que lleva a delatarse a tantos adúlteros, esa culpa que te picotea las entrañas y hace que vayas regando el mundo de pistas incriminatorias; o quizá, así de retorcidos somos todos, para darle celos a su esposa. Y, ya que hablamos de retorcimientos, imaginemos la hipótesis dos: que la carta fuera para Cecilia, efectivamente, y que quien estuviera celoso fuera él y le estuviera enviando a su mujer el viejo y elemental mensaje de despecho: "Te he pillado". Los infiernos íntimos, desde luego, pueden ser condenadamente infernales. Los infiernos de los celos, de la inseguridad y de la paranoia.

Según una reciente encuesta, casi la mitad de los españoles lee a hurtadillas los mensajes de los móviles de sus parejas. Mal hecho, muy mal hecho. Uno no debería empeñarse en conocer algo que en realidad no desea saber. Más aún, es una hambruna escrutadora que no tiene fin y que termina convirtiéndose con demasiada facilidad en obsesión y locura. Puede que el móvil de tu cónyuge se revele hoy inocente, pero, ¿qué pasará dentro de una hora? ¿Y mañana?

Creo que nuestra sociedad concede demasiada importancia al acto sexual, al hecho físico, cuando el sexo, en realidad, está sobre todo en nuestras cabezas. El adulterio es, por definición, una realidad secreta y subterránea, pero es mucho más común de lo que la gente piensa. Un interesante estudio patrocinado por Nordic Mist descubrió que el 37% de los hombres españoles y el 35% de las mujeres habían sido infieles a sus parejas alguna vez, y, cuanto mayores eran los encuestados, más aumentaba el porcentaje. Natural: la costumbre desgasta, el sexo decae con el paso del tiempo y la convivencia puede crear lazos afectivos y solidarios muy profundos, pero también un asfixiante sentimiento de rutina. Y, así, además de este tercio largo de la población que se confiesa infiel, ¿quién no ha deseado o imaginado alguna vez una relación con alguien distinto a su pareja? Sinceramente, yo no veo demasiada diferencia entre tener una aventura real o desear ardientemente hacerlo y no atreverse. Entre meterse en la cama con un tercero o

46

estar en los brazos de tu cónyuge mientras imaginas que es otra o es otro.

Si algo he aprendido con la edad es lo difícil, lo agónicamente complicado que resulta quererse, por más que las parejas siempre suelen comenzar ansiosas de hacerlo. Tú deseas amar al otro con toda tu voluntad y todo tu corazón, pero luego, la mayor parte de las veces, no sabes hacerlo. Todo es tan complicado, en fin, que no creo que en este terreno haya fórmulas magistrales ni consejos infalibles: cada cual ha de buscarse su equilibrio como pueda. Pero sí sé que la fidelidad, esa gran palabra, es un concepto equívoco, una entelequia que puede causar daño y angustia. Yo prefiero la lealtad a la fidelidad: querer y respetar a tu pareja, atenderla y entenderla, cuidar de ella. Y creo que, a veces, una infidelidad intrascendente y discreta puede mejorar tu relación conyugal porque te permitir jugar a ser otro. Y eso es lo que de

47

verdad se dirime en las infidelidades: la ambición, tan humana, de ser quien no se es. Sí, la tópica "cana al aire" puede ayudarte a renovar el amor por tu cónyuge. Pero para eso no debes espiar los móviles ajenos ni llevar con sarkozyana ostentación las cartas íntimas.

El País, 19/10/2007

Del sexo y del amor

Es verdad eso de que la primavera la sangre altera. A mí, por lo menos, me revoluciona. Al primer rayo de sol con intenciones de perdurar, a la primera tarde templada y perfumada, todas mis células se ponen a bailarle un alegre zapateado a la vida. Y los zapateados celulares, ya se sabe, suelen acabar en un impulso orgánico de perpetuación genética. Quiero decir que, cuando la vida late en las venas, uno suele estar más predispuesto al amor en todas las acepciones de la palabra. En primer lugar, al amor físico (ya digo, el ciego afán de las células por reproducirse: según Nietzsche, el sexo es una trampa de la Naturaleza para no extinguirse) y también al amor romántico y mental, que a mí me parece que es como la trampa de la trampa,

49

o sea, el sedoso y emocionante envoltorio que nos lleva al sexo para no extinguirnos.

Total: que en primavera casi todos solemos estar más aturullados, más encendidos y más sentimentales. Así que heme aquí escribiendo un artículo sobre el amor y el sexo. O sea, otro más: a lo largo de mi vida he escrito unos cuantos. Pero siempre hay algo nuevo que decir: es un tema tan inabarcable como el océano. Esta vez, por ejemplo, me ha llamado la atención una noticia que leí no sé dónde sobre el antequino de cola negra, un marsupial australiano pequeñito, parecido a un ratón, que muere, tras aparearse frenéticamente, del agotamiento producido por el atragantón sexual. Por eso el pobre bicho no llega a cumplir el año de vida; madura sexualmente entre los ocho y los once meses, y en su primer periodo de cortejo ya se queda frito. Resulta que, mientras hace el amor (llega a estar catorce horas seguidas sin parar y cuando termina empieza otra vez) no se alimenta, lo cual le deja rápidamente sin defensas, agotado, presa de las infecciones y de un rápido deterioro físico. Pierde el pelo, le salen llagas, sufre hemorragias y el pobre bicho muere.

Pero lo más fascinante es que, cuando se apresa a un antequino después de haber llegado a su madurez sexual, el animalito fallece a la misma edad que sus compañeros, aunque se le tenga en una jaula y no haya probado hembra. Pero si se le captura antes de haber alcanzado la época de celo, entonces vive plácido y feliz en cautividad y alcanza la longeva edad de dos años y medio. Lo que parecería demostrar que la muerte de la criatura no se debe sólo a causas físicas, a la falta de alimentación, al trajín desgastante y aniquilador del sexo interminable, sino que, sobre todo, está el tremendo estrés psíquico del afán sexual, de la necesidad de encontrar una pareja, del cruel imperativo

51

de la reproducción. Cuando los antequinos son capturados antes de conocer esa urgencia, viven tan contentos en su inocencia. No me digan que no resulta tentador hacer un paralelismo con los humanos... Porque, en efecto, el sexo y el amor pueden matar, o eso nos tememos. La sífilis renacentista, la tisis de los enamorados del XIX, el SIDA como maldición del siglo XX, la metáfora de Drácula y sus besos letales... Eros y Tánatos siempre han caminado juntos, quizá porque el orgasmo es una pequeña muerte capaz de dar la vida, quizá porque intuimos la verdad de la frase de Nietzsche y sabemos que sólo somos actores prescindibles sacrificados en el altar de la primera Ley Orgánica, que es la de la reproducción de los propios genes a toda costa.

Pero todas estas consideraciones desaparecen cuando nos prendamos de alguien, cuando el corazón nos empieza a latir como un despertador antiguo con sólo ver a un hombre o una mujer, cuando la engañosa droga del amor nos revienta el cerebro. La pasión, ya se sabe, consiste en inventarse al ser amado. Lo explica maravillosamente Marcel Proust en su primer libro de *En busca del tiempo perdido*; el narrador, adolescente, ve por primera vez a la niña de sus sueños, uno de esos encuentros que te golpean y te dejan preso. Y el narrador dice así: "Una chica de un rubio rojizo (...) le brillaban mucho los negros ojos (...) y, como yo no tenía bastante de eso que se llama *espíritu de observación* para poder aislar la noción de su color, durante mucho tiempo, cuando pensé en ella, el recuerdo del brillo de sus ojos se me presentaba como de vivísimo azul, porque era rubia; de modo que quizá si no hubiera tenido los ojos tan negros —lo cual sorprendía mucho al verla por vez primera— no me hubiera enamorado tanto de ella como me enamoré, y más que nada de sus ojos azules". ¿No es genial? Pura radiografía de la pasión. En fin, todo esto me recuerda una frase del escritor británico Butler: "El pollo es simplemente la manera que tiene el huevo de hacer otro huevo". Los humanos, encandilados por el espejismo del sexo y el amor, quizá sólo seamos la manera que tienen los genes de hacer otros genes. Pero, mientras tanto, cuánto sufrimiento y cuanta gloria.

El País, 13/04/2014

Todas esas veces que pude
haber muerto

Hace un par de semanas murió Manu Leguineche, periodista magnífico, hombre generoso,
maestro en tantas cosas. Fue un gran corres-
ponsal de guerra; se jugó el pellejo en muchas
ocasiones, pero la muerte le estaba esperando
en su casa, vengativa y pérfida, haciéndole antes sufrir durante largo tiempo: llevaba demasiados años muy enfermo. Esas son las ironías
de la vida: escapas de las balas y las bombas, te
das la vuelta al mundo varias veces y al final
siempre te atrapa tu destino, como en el conocido cuento de Las Mil y Una Noches, del
criado que, asustado al encontrar a la Muerte
en el mercado y ver que le hacía llamativos
gestos, sale huyendo de su ciudad y no para

hasta llegar a Bagdad; cuando los gestos de la Muerte sólo manifestaban la sorpresa de hallarle en aquel sitio, porque esa misma noche tenía una cita con él en la lejana Bagdad. Tanto correr, tanta agitación para acabar en eso.

Recordé entonces que me encontré con Manu Leguineche en Managua, dos o tres días después de que Somoza huyera del país. Los sandinistas habían ganado la guerra pero el conflicto bélico todavía coleaba. Había muertos en las calles y por las noches dormíamos debajo de la cama porque por las ventanas podían colarse balas perdidas. Y recordé que entré en el país por tierra, junto con una amiga también periodista, la colombiana Ana Cristina Navarro. La salida de Somoza nos pilló estando en Guatemala y para poder llegar a Managua aprovechamos el coche de un jesuita que supuestamente iba a devolver a sus padres nicaragüenses a una adolescente que había pasado la guerra refugiada en Guatemala. Y digo supuestamente porque, en efecto, la niña venía con nosotros y la depositamos con su familia; pero al regresar a Guatemala el cura nos confesó que su coche iba cargado de "algo" peligrosísimo (lo más probable es que trajera armas de los sandinistas para la resistencia guatemalteca). Y con este contrabando de alto voltaje habíamos atravesado El Salvador (bajo una sangrienta dictadura militar y en estado de excepción), jugándonos Ana Cristina y yo, inocente y estúpidamente la vida, la libertad y desde luego indudables torturas si nos descubrían. Odié a aquel jesuita y todavía le odio.

Este recuerdo avivó otros de otras ocasiones en las que mi vida había estado en peligro. Aquella vez en la que la periodista Sol Fuertes y yo estuvimos a punto de naufragar en el lago Titicaca, entre Bolivia y Perú, y nos pasamos horas en una barca infame con el agua helada hasta las rodillas y achicando con un solo cubo (por cierto que achicar a 4.200 metros de altitud asfixia muchísimo). O aquel viaje en un trenecito, también en Perú, en el Valle Sagrado del Urubamba, colgada de los estribos, porque el tren iba lleno; y ver a tus pies los abismos de las montañas de los Andes, y sentir que las manos con las que te agarrabas frenéticamente a la barra se quedaban entumecidas; y pensar que no ibas a aguantar hasta la próxima parada (obviamente aguanté). O bien ese avión de Iberia en el que el fotógrafo Chema Conesa y yo íbamos a ir a Roma para entrevistar al presidente italiano, Sandro Pertini. El vuelo salía a las 8:30 de la mañana y la noche anterior nos llamamos para atrasar el viaje y embarcar dos horas más tarde (eran épocas opulentas del periodismo y los billetes eran enteros y se podían cambiar sin más problemas). Pues bien, ese avión de Iberia se estrelló en la pista de despegue contra uno de Aviaco; hubo cerca de doscientos muertos y heridos muy graves y abrasados (el avión de Iberia se incendió). O aquella vez que cuatro adolescentes marginales me arrinconaron en un descampado con un coche de lujo obviamente recién robado; me salvó mi perra Trasto, una pastora alemana mestiza que se plantó delante de mí y empezó a rugir y a enseñar los dientes como una leona. "Bah, déjalo", dijo al fin uno de los chicos al conductor, sopesando los inconvenientes. Y salieron zumbando. Desde aquí le doy las gracias a mi Trasto, que sin duda estará en el cielo de los perros.

Y hay algunas circunstancias críticas más, batallitas de abuela o de casi abuela que podría seguir relatando, y todo esto sin contar todas las veces que estuve a punto de morir sin enterarme, todos esos coches que no me atropellaron porque me paré a atarme el cordón de un zapato en vez de cruzar, todos esos accidentes que no tuve (pero pude tener) mientras conducía, todas esas cornisas que se balancearon sobre mi cabeza sin saberlo. La vida es un puro azar, un milagro renovado en cada instante. Me pregunto cuánto queda, qué me queda. Cuantas veces más me salvaré, en qué Bagdad me está esperando Ella.

El País, 16/02/2014

Nosotros y nuestras caras

Eso de que la cara es el espejo del alma no siempre es cierto. Sería sumamente cómodo que supiéramos de qué va el tipo que tenemos delante con sólo echarle una ojeada, pero las cosas no funcionan así. No hay más que recordar, por ejemplo al famoso Jeffrey Dahmer, *El carnicero de Milwaukee* (1960/1994), un joven rubio y guapo de aspecto angelical que asesinó, torturó, mutiló y devoró a diecisiete hombres y muchachos. Claro que los seres humanos siempre le hemos dado una importancia desmedida a la apariencia física y que en nuestra manera de juzgar a los demás influyen los prejuicios: los rubios muy blancos y de ojos claros tienden a parecernos más educados y finos que los tipos pequeñitos, renegridos y peludos, pongamos por caso.

Un caso extremo de esa peligrosa manía de juzgar por lo externo fue el médico y criminólogo César Lombroso (1835/1909) que se dedicó a medir cabezas y pergeñó demenciales teorías sobre el aspecto físico de lo que él llamaba criminales natos, que, según él, tenían ciertos rasgos específicos como, por ejemplo, el rostro asimétrico (¡pobre Rossy de Palma!), prognatismo (o sea, mentón prominente, como Felipe II e incluso un poquitín como el propio Juan Carlos), orejas de gran tamaño (igual que el Príncipe Carlos de Inglaterra: se ve que las monarquías están bien servidas de rasgos supuestamente criminales), un rostro muy ancho (como Mao: y, miren por dónde, ése sí que fue un asesino) y otros pormenores semejantes. Sus extravagantes conjeturas fueron desautorizadas por la comunidad científica hace tiempo.

Pero, sin meternos en honduras teóricas, hay un dicho del saber popular que me parece bastante atinado: me refiero a eso de que, a partir de cierta edad, cada cual tiene el rostro que se merece. O lo que es lo mismo: no controlamos la cara con la que nacemos, pero al madurar la vamos tallando, o nos va emergiendo a la superficie el verdadero rostro interior. Me puse a pensar esto viendo la foto de Carmen Rodríguez Flóres, concejala de Madrid y diputada autonómica del PP, la protegida del extesorero Lapuerta. No sé si tienen su rostro en la memoria, pero les aseguro que es tremendo: una cara durísima, y con ello no pretendo hacer un juego fácil de palabras; unos ojos pequeños opacados por toneladas de desprecio al mundo, una boca apretada que sólo parece apta para pronunciar palabras amargas, el peinado como un casco de titanio. Parece un dios azteca a punto de extraerle el corazón a su víctima.

Ciertamente ha habido mutaciones físicas espectaculares. Por ejemplo, doña Carmen Polo, la mujer de Franco. Las fotos de su juventud la muestran bastante guapa, la verdad. En su boda está fina y cimbreante, morena y delicada, con un aire antiguo y un poco ñoño, pero no muy distinta a algunas de las actrices del cine mudo de la época. Y, con el tiempo, ¿qué fue de esa pequeña belleza modesta y virginal? Pues que acabó convertida en un vampiro. No me digan que doña Carmen de mayor no guardaba un inquietante parecido a Nosferatu con collar de perlas.

Hay muchas otras derivas carnales estrepitosas, como la de Manuel Fraga, por ejemplo, que de joven tenía aspecto de opositor empeñoso (lo que era) y de mayor se fue pareciendo más y más a un mojón de carretera secundaria con el granito medio desmoronado. Y no se confundan: las mutaciones de las que hablo no tienen que ver con el deterioro inevitable de la edad. Los viejos no están condenados a traicionarse a sí mismos físicamente: acuérdense de José Luis Sampedro, por ejemplo; o miren a Ana María Matute. Ambos han llevado su cara hasta el final. Es como para sentirse orgullosos, me parece.

Porque ahora, además, ese tránsito hacia el rostro interior, hacia la cara del Hyde que nos habita y que un día termina por emerger, está siendo camuflado, alterado y traicionado por el frenesí creciente de las operaciones estéticas. Ahora a partir de cierta edad ya no sólo tienes el rostro que te mereces, sino también, y en muchos casos, el que te has pagado. Caras plásticas, clónicas en sus deformidades quirúrgicas. A saber qué rostro hubieran tenido esas personas sin recoserse, pero dudo que pudiera ser peor que esos destrozos que se ven por la calle de ojos perpetuamente pasmados por el bisturí y mejillas tumefactas por los rellenos. Me pregunto qué ven esas personas cuando se miran al espejo: ¿Se reconocen? ¿Se gustan? ¿Se creen que están más jóvenes, más guapas? Su evidente incapacidad para verse tal y como son demuestra algo que siempre me he temido: que la percepción que tenemos de nosotros mismos es muy poco fiable y está atravesada por un montón de prejuicios, de deseos y de miedos. Lo cual es inquietante. A veces, cuando me miro en un espejo, no puedo evitar preguntarme si de verdad me veo.

El País, 21/07/2013

La mejor manera de ser eterno

Acaba de llegarme el email de un lector al que con anterioridad no conocía. Es una carta formidable, escrita con humor y brevedad, muy ágil y elegante. Además, me gusta, claro está, porque se las arregla para llenarme de generosas alabanzas en muy pocas líneas. La firma un tal Oscar Corbacho; es argentino, vive en Buenos Aires, y él mismo se presenta así: "Te digo que fui durante treinta años creativo publicitario, que tengo siete libros de poemas con algunas distinciones y uno de cuentos y que este año publicaré un volumen de sonetos en colaboración con otro poeta". Pero lo que me ha llamado la atención y de lo que quiero hablar es del principio de la carta. El mensaje comienza de este modo: "Tengo noventa años y acabo de leer *La ridícula idea de no volver a verte*, uno de esos libros que al terminar uno siente que es una persona diferente, que le ha pasado algo importante y que es para toda la vida". Disculpen el bochornoso autobombo de copiar una frase tan elogiosa hacia un libro mío, pero es que no he podido resistir el maravilloso encanto de sus palabras: ¡Tiene noventa años! ¡Y dice que es una lectura que "le ha hecho diferente"! ¡Y que será "para toda la vida"! Incluso si hubiera sido un elogio dedicado al peor de mis enemigos literarios (aunque, la verdad, no sé si tengo alguno), no hubiera podido por menos que copiarlo aquí, como muestra de ese portento de vitalidad y de optimismo que es este hombre. Oscar Corbacho me ha iluminado el día.

No me sorprende que, a los noventa años, sea tan moderno en su lenguaje, tan rápido en su expresión. O bueno, sí, quizá me sorprenda un poco, porque todos arrastramos tremendos prejuicios ante la gente mayor. Ahora bien, como yo ya voy siendo también bastante añosa, ya he alcanzado una edad que, en mis primeras novelas, publicadas hace más de treinta años, me parecía decrépita, y que hoy percibo de otro modo. Quiero decir que mis primeros libros están llenos de sesentones marchitos y a punto de palmarla, pero ahora que ya he cruzado el cabo de los sesenta me siento estrepitosamente joven todavía. Ya lo decía Oscar Wilde: "Lo peor de cumplir años no es envejecer, sino que no se envejece". O sea: uno no envejece nunca por dentro, uno se sigue viendo igual de confuso y trémulo y vital que a los catorce, mientras se va alejando cada vez más de la realidad de su propio cuerpo. Total, que, como yo sigo sintiéndome igual a los sesenta, comprendo muy bien que a los noventa pueda pasar lo mismo. Pero lo más genial de la frase de Corbacho es esa alegría de vivir, esa capacidad para "cambiar", ese entusiasmo con el que se proyecta "para el resto de su vida" como si fuera un futuro inacabable. Dan ganas de aplaudir.

Ya me había pasado antes algo parecido con mi madre. En 2004, cuando la boda de Felipe y Letizia, se confeccionó un abanico conmemorativo de los esponsales. Era en verdad muy feo, con las varillas de tosco plástico y una tela rosada, si mal no recuerdo, con la fecha y alguna leyenda conmemorativa. Mi madre, que a la sazón tenía ochenta y tres años, se empeñó en que le consiguiera uno. "Pero mamá, es horrible...", intenté disuadirla. "No importa hija; es uno de esos recuerdos que luego, con el paso de los años, te gusta tener", contestó tan tranquila. Y a mí me hizo mucha gracia y me pareció que se creía eterna. Hoy, casi una década más tarde (tiempo suficiente para que el abanico haya adquirido un valor rememorativo), mi madre ha cumplido ya noventa y dos años y sigue estupenda. Sin duda es inmortal.

Y lo es porque la verdadera inmortalidad es la del aquí y el ahora, la de la plenitud anímica y la fuerza vital, la de la capacidad de habitar el presente como un amplio horizonte interminable. "Mi día equivale a tu año", cantaba Lou Reed. Es esa tranquila intensidad la que aspiro a alcanzar. Y desde luego no es cosa de la edad, o no sólo: hay jóvenes que son viejos a los veinte años y viejos capaces de reinventarse cada día. Como Oscar. En todo ello interviene sin duda la salud, cierta energía básica que viene inscrita en nuestro organismo, haber tenido la suerte de tener en el cuerpo una sopa química lo suficientemente favorable. La ciega alegría de las células. Pero además está la disposición, la voluntad de seguir, la decisión de asumir una actitud u otra. Ya se sabe que, tras haber sido

71

condenado a muerte, Sócrates se pasó la última noche de su vida aprendiendo a tocar una complicada melodía con su flauta. Sus amigos, que estaban desolados, le preguntaron para qué perdía el tiempo en eso. "¿Para qué va a ser?", contestó: "¡Para aprenderla antes de morir!". No se me ocurre una manera mejor de ser eterno.

El País, 12/04/2013

Esos verdugos tan felices

Hace unas semanas estuve en Berlín, maravillosa ciudad abierta al futuro (esa cúpula visionaria de Norman Foster sobre el Reichstag es de ciencia ficción) y sólidamente anclada en el pasado, porque un buen puñado de museos y memoriales nos recuerdan en todo momento la trágica historia del lugar: el Muro, el Nazismo, el Holocausto... Y me pregunto si no será justamente gracias a esa permanente conciencia del ayer por lo que esta ciudad espléndida puede ser tan actual y estar tan viva.

Como todo turista, en fin, vi el Museo Judío, con su magnífica arquitectura resbaladiza, desconcertante y turbadora; y paseé por el conmovedor Monumento al Holocausto diseñado por Peter Eisenman. En ambos lugares se pueden ver documentos impactantes sobre el horror del nazismo, que, aunque nos parezca un tema muy conocido, sigue siendo una aberración de tal calibre que sus detalles nos resultan casi imposibles de creer, de lo inhumanos y enloquecedores que son.

Por desgracia, todo es cierto: fotos y fotos de fusilamientos; decenas de mujeres desnudándose en mitad del bosque junto a un horno crematorio; revoltijos de cadáveres recién sacados de los trenes de la muerte, que transportaban a los detenidos a los campos de concentración durante largos días sin comida y sin agua y en condiciones de hacinamiento tales que, cuando llegaban al destino y abrían por fin las selladas puertas, más de la mitad de los prisioneros habían fallecido. Todo esto es bien sabido, y, sin embargo, ¡es tan angustioso verlo! En las salas subterráneas del Monumento al Holocausto puedes leer las cartas de los presos en los campos de concentración. Una niña de once años escribió a su padre la noche antes de que la asesinaran: "Papá, me gustaría tanto volver a verte, pero sé que no podré hacerlo. No quiero morir pero estas personas no nos van a dejar vivir y nos van a matar. Esta muerte me da tanto miedo porque a los niños pequeños los arrojan vivos al agujero". El infierno existe, y está en el corazón de los humanos.

Todo esto es de una atrocidad sin velos ni disfraces. Pero en *Topografía del Terror*, que es otro museo berlinés erigido en el solar en donde antaño estuvo el cuartel general del Tercer Reich (es decir, la sede de la Gestapo, de los servicios secretos y de las Waffen SS, que eran los peores) he visto algo que me ha puesto aún más los pelos de punta: he visto las fotos de la *normalidad* de los monstruos. El retrato mismo del Mal. Y es un retrato mediocre y ridículo. Y, así, hay por ejemplo una foto increíble de una veintena de hombres de la Gestapo en un día de excursión, en mayo de 1936; van vestidos de calle y están tocados con unos gorritos de fiesta de chufla, ese tipo de minúsculos sombreritos que te dan en los cotillones baratos de Año Nuevo. Pero la instantánea más tremenda es de un grupo de diez mujeres y tres hombres de uniforme, todos de las SS, ellos y ellas. Se encuentran de picnic al aire libre en un lugar idílico, uno de los hombres toca un acordeón, las chicas ponen posturas cándidamente sexys y el grupo entero está desternillándose de risa. Pues bien, este grupo encantador y risueño formaban parte de los SS encargados de Auschwitz; y la foto está tomada en julio de 1944, es decir, casi al final. Para esas alturas, sólo en ese campo de concentración ya habían sido asesinadas 1.300.000 personas. Angustia imaginar las atrocidades que habrán cometido esas chicas tan repeinaditas y felices, ese tipo tan simpático del acordeón. Gente tan normal como tú y como yo.

Y es que lo peor del Mal es justamente esto. Que es insidioso, y vulgar, y mentiroso; que sabe infiltrarse, bien camuflado, en el cerebro de cualquier persona. Recuerdo que, hace algunos años, escribí un artículo como este sobre *La lengua del Tercer Reich*, el magnífico libro de Victor Klemperer, que es en parte un texto autobiográfico sobre los horrores de la represión nazi contra los judíos, y recibí unas cuantas cartas de lectores que me criticaban que hablara del Holocausto en vez de denunciar lo que los judíos (porque hablaban de judíos y no de israelíes) estaban haciendo con los palestinos. Pues sí, es cierto que los palestinos de los territorios ocupados están viviendo en unas condiciones brutales e injustas. Como también es cierto que en Darfur (Sudán), por ejemplo,

77

se sigue cometiendo día tras día un genocidio atroz (nos lo acaba de recordar el fiscal jefe de la Corte Penal Internacional). Lo que quiero decir es que el mundo está lleno de horrores y que por supuesto hay que combatirlos y denunciarlos. Pero, ¿qué tiene que ver eso con la reflexión sobre el infierno nazi? Si crees que al hablar de ese millón y pico de víctimas en Auschwitz (por cierto, doscientos mil de ellas eran gentiles), y de las sonrisitas de sus verdugos estamos hablando de un tema judío, estás en verdad muy equivocado. Esas son las añagazas que busca el Mal para instalarse en nuestra conciencia: pintar la realidad de blanco y negro, deshumanizar al contrario, llenar la vida de excepciones éticas que siempre se aplican contra el enemigo.

No, Auschwitz no es un asunto ni judío ni alemán. Es un horror que nos atañe a todos, un delirio profundamente humano y, por consiguiente, algo que puede repetirse, si no somos conscientes de que también *es nuestro*. La banalidad del Mal, como decía Hanna Arendt, nos roza a todos.

El País, 15/04/2012

Elogio a la familia (Con algunos gritos
aterrados al fondo)

Una de las noticias que más me han impresionado últimamente es una pequeña y acongojan-
te historia que sucedió en Madrid, en Villavi-
ciosa de Odón, hace unas semanas: una mujer
de 62 años mató de un disparo a su padre, de
91, en mitad de la noche. La mujer se confesó
culpable y al parecer el padre padecía demencia
senil. Esto es todo lo que se sabe sobre el
asunto porque los medios no han vuelto a tocar el tema, de lo cual me alegro. Es una trage-
dia demasiado íntima, demasiado esencial como para escarbar en ella. Bastante carga ha de
sobrellevar la detenida sobre los hombros, esa
culpa ancestral del parricidio. Sobre todo si,
como yo me imagino, lo mató por piedad, por-

que estaba muy anciano y muy demente y lo veía sufrir.

Pero, aún así, ¡qué terrible nudo gordiano roza esta historia de violencia y de muerte! En el hermetismo de la privacidad doméstica, las familias hacen y deshacen vidas a su antojo, establecen leyes inconfesables, otorgan premios y ordenan castigos, crean paraísos y atizan infiernos construidos a la medida de media docena de personas, o de cuatro, o de dos, justo ese pequeño grumo de individuos que componen lo que llamamos un hogar.

La familia, sí. Palabra contradictoria, enorme en sus significados, aterradora y hermosa al mismo tiempo. Durante muchos años me quejé y despotriqué de la familia latina, de ese núcleo de convivencia tan pegajoso, del cariño y el odio que nos tenemos, de cómo los españoles no sabemos vivir, por lo general, sin estar entrañados con nuestra reata de sangre. Y, en mi juventud, envidié el desprendimiento de los anglosajones, su ligereza a la hora de volar del nido, su facilidad para desengancharse. Tuve que cumplir los treinta, residir un tiempo en Estados Unidos e impartir clase allí en la universidad, para darme cuenta de los estragos psíquicos que ese distanciamiento familiar había provocado en mis alumnos. Al cabo aprendí que, puestos a pagar un precio (siempre se paga), prefería el exceso emocional de la familia latina a la frialdad y la enloquecedora ausencia de la anglosajona. Cuando te peleas contra el otro (los padres, los hermanos) te construyes. Pero cuando no existe el otro, cuando nadie te refleja ni te limita, es el abismo. Por no hablar de lo que esto supone en cuanto a cohesión social: España, con su enorme porcentaje de parados, sigue siendo uno de los países con menos vagabundos callejeros, porque las familias se aprietan y acogen en sus casas a aquellos que lo han perdido todo. Mientras que Inglaterra, por ejemplo, está llena de personas sin hogar, muchas de ellas sorprendentemente jóvenes.

Releo lo que he escrito y advierto que estoy haciendo una especie de elogio a la familia. Pues sí, es verdad, reivindico la familia pese a todo, y más ahora, cuando, por fortuna, nos estamos librando del modelo tradicional, patriarcal, autoritario y represivo (sí, justo ese modelo de cartón piedra que tanto defiende la Iglesia Católica). Pero esto no me impide reconocer que el núcleo familiar es una caldera hirviente en la que cabe todo, desde el cobijo, la complicidad y el amor más generoso y sin exigencias, hasta la barbarie y la crueldad.

Me refiero a los terribles secretos de alcoba, que son todas esas perversiones emocionales que suceden en el sancta sanctorum más inexpugnable de la casa, en el interior del hogar y sin testigos. Desde los malos tratos físicos a las humillaciones, culminando, claro está, en los abusos sexuales. Es decir, en el incesto, ese gran secreto familiar que casi nadie se atreve a nombrar. Angélica Liddell lo gritaba furiosamente hace unos días sobre un escenario madrileño, en su contundente obra teatral *Maldito sea el hombre que confía en el hombre*. Y Montxo Armendáriz lo cuenta con estremecedora veracidad en su gran película *No tengas miedo*. Es un infierno real, mucho más común de lo que querríamos creer, desoladoramente próximo (quizá esté crepitando en estos momentos al otro lado de la puerta de tu vecino). Según un informe de 2008 de la prestigiosa *Revista d'Estudis de la Violència*, entre un 20%-25% de mujeres y un 10%-15% de hombres españoles confesaron en diversos estudios haber sufrido abusos sexuales en la infancia; en el 39% de los casos el agresor era el padre, y en el 30% otro familiar. Son unas cifras aterradoras.

"El niño es el padre del hombre", decía Wordsworth en un hermoso verso que me gusta citar. Y es verdad: lo que fue nuestra infancia (nuestra familia) influye decisivamente en lo que somos, esto es, en el resto de nuestra vida. Nunca acabamos de salir del todo de ese nido primero en el que nos formamos. La familia es una horma, un troquel. Arrastramos hasta el final la criatura que fuimos. Y, con noventa años, morimos llamando a nuestra madre.

El País, 26/06/2011

Los ángeles del parque del Retiro

El periodista Pablo Lizcano solía decir que las personas ofrecemos una serie bastante limitada de tipos humanos, hasta el punto de que en cualquier grupo reunido al azar y de una extensión mediana, unos doscientos individuos, por ejemplo, podías encontrar todos los modelos humanos, todas las maneras posibles del ser. Y, como muestra, citaba su barracón de la mili, de cuando el servicio militar era obligatorio: "Allí veías al tímido, al sinvergüenza, al bravucón, al neurótico, al dubitativo, al dogmático... Allí y en cualquiera de los otros barracones. Los modelos volvían a repetirse". Siempre me pareció una observación curiosa y bastante atinada, porque es cierto que las personas nos parecemos muchísimo (claro que también es verdadera la afirmación contraria: de alguna manera cada individuo es único).

He vuelto a recordar las palabras de Pablo ahora, porque en los últimos meses me he hecho asidua del parque del Retiro de Madrid. ¡Y qué lugar increíble es ese parque! Es un mundo en sí mismo, un Universo entero en miniatura. No sé si en el barracón de la mili cabían todas las formas posibles del ser, pero de lo que estoy segura es de que en el Retiro sí que podemos encontrar el catálogo completo de la Humanidad, desde los modelos más convencionales hasta los sujetos más estrafalarios. He visto a un rollizo chino cincuentón totalmente en cueros, salvo un minúsculo tanga rojo brillante, haciendo taichí sobre la hierba; he visto *camellos* de aspecto amedrentador dando tiernamente de comer a las palomas; he visto ancianos caminando penosamente con andadores y vertiginosos acróbatas bailando sobre zancos. He visto de todo, en fin. Incluso ángeles.

Pobres ángeles: están en franca decadencia. La palabra misma suena fatal; suena cursi y fofa, suena a chiflado con alucinaciones metafísicas o a esa apestosa moda de los querubines de purpurina. Pero el caso es que los ángeles existen. Me refiero a los inocentes; a los seres puros. A cierto tipo de discapacitados. A los aquejados por el síndrome de Down, por ejemplo, siempre luminosos; o a quienes sufren precisamente el síndrome de Angelman ("Hombre Ángel"), una grave y rara enfermedad neurogenética. Los afectados padecen retraso, dificultades motrices, no llegan a aprender a hablar y, según dice la Wikipedia, "muestran un estado aparente de permanente alegría, con risas y sonrisas en todo momento". Un regocijo mudo. Así de extrañas son las maneras que escoge el dolor para manifestarse. O quizá

89

la felicidad, ¿quién sabe? Puede que, en efecto, vivan en una sublime bienaventuranza.

En estos últimos meses me han rozado dos veces los ángeles en el Retiro. En ambas ocasiones sucedió en torno a las nueve de la mañana, cuando el parque está recién regado y casi se diría que recién pintado. En el primer encuentro caminaba delante de mí y lo vi de espaldas; era un niño muy pequeño, como mucho tres años; aunque quizá tuviera más y su dolencia le achicara. Iba sentado en una silla de ruedas minúscula, la silla de ruedas más primorosa y diminuta que he visto jamás; el niño estiraba su brazo derecho hacia arriba y casi colgaba de la mano de un hombre joven alto y fuerte, quizá el padre; y era este joven quien impulsaba al crío al llevarlo agarrado. Paseaban los dos plácidamente por la avenida arbolada, la manita en el puño, toda esa enorme indefensión y esa absoluta confianza, y de cuando en cuando el niño levantaba la cara y miraba al hombre con la expresión más radiante y dichosa que jamás he visto. Era una sonrisa que detenía el mundo.

Al otro me lo he encontrado varias veces. También está en silla de ruedas, pero es un hombre muy mayor. Cuando hace bueno, un cuidador lo lleva a determinada zona del Retiro y lo deja aparcado junto a un banco. He pasado junto a él varias veces, siempre por detrás, no le he visto la cara; tampoco le vi nunca ni moverse ni hablar. Desplomado sobre sí mismo, parecía un anciano medio muerto. Pero un día, cuando crucé por su lugar habitual, lo encontré casualmente solo, sin su cuidador. Se hallaba de espaldas, como siempre, en mitad de una pradera que las hojas de los árboles moteaban de sol; pero en esta ocasión estaba erguido muy derecho en su silla y con el brazo izquierdo totalmente extendido en el aire; y alrededor de él, revoloteando y en el suelo, había por lo menos un centenar de gorriones que acudían a comer de su mano. Un inesperado golpe de vida.

Los ángeles son, tradicionalmente, espíritus intermediarios entre este mundo y el celestial. Yo soy agnóstica y no creo en el Cielo, pero estos dos centauros en sus sillas de ruedas me mostraron un destello de la eternidad. Por eso he sabido que son ángeles. No creo que hubiera humanos de este tipo en los barracones de la mili. Aunque quizá sí; una nunca sabe por dónde puede irrumpir la belleza.

El País, 10/07/2011

La luz de un pequeño
barco en la oscuridad

Los humanos somos animales sociales, y no sólo necesitamos vivir con los demás, sino que además o sobre todo anhelamos ser comprendidos, es decir, ser capaces de comunicar hasta el más remoto rincón de nuestra intimidad con los seres queridos. De hecho, creo que éste es uno de los mayores malentendidos de la vida en pareja, un espejismo que puede provocar la ruina de la relación, porque muchos enamorados, sobre todo si son jóvenes, aspiran a la fusión absoluta con el amado, a quien imaginan como el alma gemela con quien compartirlo todo; y luego, claro, cuando la pareja muestra inevitablemente otros gustos o no entiende determinadas emociones, entonces algunos se

93

lo toman a la tremenda, como si eso fuera la prueba irrefutable de que se han enamorado del hombre o la mujer equivocados.

Pero el caso es que la media naranja idéntica no existe, y es ilusorio pensar que pueda haber en el mundo una persona con quien entenderte al cien por cien. ¿A quién se le puede decir todo? Obviamente, a nadie. Y, sin embargo, ¡cuánto necesitamos decir y compartir! Todo esto lo pensé hace unas semanas, muy tarde en la noche, sola en un apartamento frente al mar. En el agua negra, lejos de la costa, parpadeaba una luz temblorosa y fluctuante, sin duda la pequeña luz de un barco de pescadores. Me encantó descubrirla, me encantó mirarla. Me sentí unida a esos pescadores en la oscuridad. ¿Quiénes irían en el barco? ¿Qué estarían pensando mientras subían y bajaban suavemente en el vaivén del agua? Nunca sabrán que ellos y yo estuvimos tan cerca en esa madrugada, unidos por los destellos de su fanal. Un mensaje luminoso llegado de extramuros. Señales de otro mundo. Y pensé: ¿a quién puedo decirle que estoy viendo esa luz, que me siento tan próxima a esos pescadores desconocidos como si fuéramos los últimos habitantes del planeta? Pero era tarde, no podía llamar a nadie e incluso me parecía una tontería y una cursilada soltarle todo esto a algún pobre amigo pillado por sorpresa. Y, sin embargo... ¿por qué la belleza no parece tan bella si no se puede compartir?

Uno es tantas cosas. Tantas pequeñas, ínfimas cosas. Esa luz entrevista en el agua negra. Un estremecimiento de alegría al escuchar una canción. Una reflexión, una pena, una caricia. Sentimientos, conocimientos y memorias. Todo un universo de menudencias imposible de transmitir a los demás. En uno de sus libros de memorias, Simone de Beauvoir decía que lo que más le apenaba de envejecer y de su cada vez más cercano horizonte de mortalidad era la desasosegante idea de que se perdieran todos los conocimientos que había acumulado en su ya larga vida. Todos los libros leídos. Las películas vistas. Los pensamientos hilvanados. Las músicas disfrutadas. Ese largo esfuerzo, esa compleja edificación intelectual y ese deleite desaparecerían sin dejar rastro al morir ella, como una bonita pompa de jabón al estallar. Y es que uno es eso, justamente. Somos una suma de bagatelas. Por eso en su precioso y premiado libro *Tiempo de vida*, escrito tras la muerte de su padre, Marcos Giralt Torrente se embarca en unas cuantas retahílas descriptivas de los gustos paternos: "Tenía debilidad por los fritos y por todo lo que llevara bechamel (...) le gustaban los embutidos, los macarrones, las albóndigas; le gustaba el repollo, la remolacha, el atún..." Unos párrafos tan triviales que resultan profundamente conmovedores. El leve y enredado garabato de nuestra identidad también se construye sobre el placer con que te comes unas croquetas.

En su momento no hablé a nadie del barco fantasmal y de la luz parpadeante, del mar negro y de la conmovedora cercanía que sentí por un instante con esos pescadores que jamás veré. Pero hoy estoy escribiendo sobre ello: qué privilegio. Para eso se escribe, se pinta, se compone una sonata. Para escapar del encierro de nuestra individualidad. Y para eso se lee, se va al cine, se escucha la música. Para unirnos a los demás, para saber que no estamos solos. Aunque después todo desaparezca, como decía Beauvoir. Pero en el entretanto están los amigos y los amados. Está la posibilidad de compartir de cuando en cuando una emoción profunda, y la suerte de poder sentirte acompañado, aunque sólo dure un momento, aunque sólo sea un chispazo, un espejismo, como la incierta luz de ese solitario barco en la negrura.

El País, 08/01/2012

Amar a un animal

Me llega por Internet una de esas típicas presentaciones con música y fotos. La mayoría de estos trabajos me parecen pringosamente cursis y bastante penosos, pero éste está bien hecho. Proviene de Cádiz, lo firma una tal María Larissa y es muy sencillo: una serie de estupendas fotos de fauna salvaje y unas cuantas frases de personajes ilustres sobre los animales. Son unas citas en general bien escogidas, y algunas me parecieron especialmente agudas. Como ésta del escritor francés Anatole France: "Hasta que no hayas amado a un animal, parte de tu alma estará dormida".

France, Premio Nobel en 1921, era un hombre pródigo en dichos memorables. Yo suelo citar estas palabras suyas: "¿Cuál es la frase más bella? La más corta". Y ahora mismo recuerdo otra sentencia de France que me encanta: "La oscuridad nos envuelve a todos, pero mientras el sabio tropieza en alguna pared, el ignorante permanece tranquilo en el centro de la estancia". Sin embargo, no conocía esa reflexión sobre los animales, y cuando la he leído me ha impresionado. Ha sido como reconocer algo que yo ya intuía, pero que no sabía de manera consciente porque no había sido capaz de expresarlo. France lo dijo por mí, y ahí me enteré de lo que me pasaba. Esa es la maravilla de la comunicación humana, ese es el milagro de los buenos escritores: resulta que sus palabras nos explican nuestra propia vida.

Siempre me han gustado los animales, pero no conviví con uno (no amé a uno) hasta hace más o menos treinta años, que fue cuando tuve a mi primer perro. Y sí, Anatole France tiene razón: a partir de aquel momento, algo se despertó en mí. Algo que yo ignoraba se hizo presente. Fue como desvelar una porción del mundo que antaño estaba oculta, o como añadirle una nueva dimensión. Convivir con un animal te hace más sabio. Contemplas las cosas de manera distinta y llegas a entenderte a ti mismo de otro modo, como formando parte de algo más vasto. El famoso naturalista David Attenborough me dijo en una entrevista que uno de los momentos más intensos y conmovedores de su existencia fue cuando se encontró en mitad de la selva de Ruanda con un gorila de las montañas, un enorme espalda plateada, y los dos se miraron a los ojos y se reconocieron, por encima del abismo de las especies. En esa mirada cabe el Universo.

Esto no quiere decir, naturalmente, que todos los amantes de los animales sean, por el mero hecho de serlo, gente maravillosa. De todos es sabido que Hitler adoraba a los perros y que sentía mucha más angustia ante la agonía de una langosta en la cacerola (en el Tercer Reich hubo leyes que prohibían cocer vivos a los crustáceos) que ante el gaseamiento de un niño judío. Y es que el ser humano es una criatura caótica y enferma, capaz de contradicciones de este calibre. Pero lo que sí parece cierto es lo contrario: que los individuos que son crueles con los animales son muy mala gente.

De hecho, una investigación multidisciplinaria que se hizo en Escocia hace algunos años demostró que la mayoría de los sujetos que habían sido denunciados por maltrato animal habían cometido también crímenes violentos contra otras personas.

El animalismo, en fin, que es como se denomina el movimiento en pro de los derechos de los otros animales, es un producto moral e intelectualmente refinado. Quiero decir que la conciencia animalista forma parte del proceso de civilización, y que cuanto más culta y democrática sea una sociedad, menos cruel será con todos los seres vivos. "Un país, una civilización, se puede juzgar por la forma en que trata a sus animales", decía atinadamente Mahatma Gandhi (frase también incluida en la presentación de Internet). La España actual, que tanto alardea de modernidad, sale muy mal parada si la juzgamos siguiendo el dictamen de Gandhi: seguimos siendo bárbaros, seguimos siendo feroces. ¿Para cuándo la Ley Nacional de Protección Animal, que ha sido reclamada por casi un millón y medio de firmas, que el PSOE llevaba en su programa electoral y que sigue en el limbo de las promesas incumplidas? Déjame que te diga una última cita del trabajo de la gaditana. Pertenece a George T. Angell, un abogado estadounidense del siglo XIX que fue uno de los pioneros en la lucha animalista, y dice así: "A veces me preguntan: ¿Por qué inviertes todo ese tiempo y dinero hablando de la amabilidad con los animales cuando existe tanta crueldad hacia el hombre? A lo que yo respondo: Estoy trabajando en las raíces". Sí, hay que trabajar en las raíces si de verdad aspiramos a ser un poco mejores.

El País, 24/01/2010

Dormir abrazada a un hipopótamo

Vistos de cerca, todos los individuos somos raros. Vistos de muy cerca, incluso rarísimos. Se podría decir que la rareza es la normalidad del ser humano. Y uno de los entornos que más permiten el florecimiento de la excentricidad y de la manía íntima es, como no podía ser menos, la cama. Pero no la cama como eufemismo de la sexualidad (en eso también se dan ciertas rarezas, pero, contra lo que la gente suele imaginar, me temo que ahí se peca bastante más de monotonía rutinaria), sino la cama de dormir y de sudar las gripes, la cama de los sueños y las pesadillas, el nido elemental, nuestro rebaño de sábanas y mantas, el refugio último del animal que somos.

Y así, mi teoría es que la inmensa mayoría de

105

las personas-tiene sus rituales y obsesiones a la
hora de acostarse. Empezando por el lugar de
la cama que ocupamos: al pasar la noche por
primera vez con una nueva pareja, siempre hay
que cruzarse en algún momento esa pregunta
fundamental: ¿duermes a la izquierda o a la
derecha? Porque a la mayoría nos fastidia profundamente vernos desalojados de nuestro
lado habitual (he aquí la primera incompatibili-
dad en una relación). Todos poseemos, en fin,
pequeñas liturgias que forman parte de nuestra
vida secreta, cosas tontas que sin embargo no
nos gusta contar, porque son la nuez de nuestro ser privado. Tengo una amiga que, para
dormir, tiene que encasquetarse una especie de
viejo gorro andino con orejeras. Otra amiga,
una escritora latinoamericana buenísima, me
acaba de enviar por email esta maravillosa con-
fesión: "Te cuento que yo duermo con: 1) Una
almohada entre las rodillas. 2) Tapones para los

oídos. 3) Férula de relajación contra el bruxis-
mo. 4) Un HIPOPÓTAMO que abrazo en la
noche. 5) Bolsa de agua caliente casi todo el
año. Y esto es lo que hay. ¿Es sexy? No, no es
sexy, pero es lo que hay. Creo que no podría
dormir sin alguna de esas cosas". A decir verdad, es esta carta genial la que me ha dado la
idea de escribir un artículo sobre el tema.

Y no se trata solo de extravagancias de mujeres supuesta y tópicamente neuróticas. Conozco a muchos hombres que también están llenos
de rituales. Tipos que sólo pueden conciliar el
sueño si llevan puesto un antifaz (aunque la
habitación esté oscura como cueva de oso). O
que necesitan vestirse con una colección de
camisetas viejas y raídas que cuidan como si
fueran un delicado tesoro. ¡O que tienen que
tomar un colacao antes de acostarse, como los
niños! Mi padre se enrollaba una toalla en los
pies, porque siempre los tenía fríos (curioso

que no pensara en ponerse calcetines); y luego se cubría la cabeza con la sábana, a modo de pañuelo islámico. Como decía mi amiga la escritora, ¿es esto sexy? Pues no, no lo es. Pero a mi madre nunca pareció molestarle. Eso es el amor, si te paras a pensarlo; el verdadero amor es saber que tu pareja duerme con una toalla en los pies y seguirle queriendo de todas formas. El verdadero amor sólo se consigue cuando empezamos a conocer estos pequeños secretos aniñados del otro. Las manías de la cama, que nos retrotraen a nuestro lado más infantil. Más inconsciente, más hondo. Hasta que no sabes cómo duerme de verdad tu amante no has empezado ni a rozar su corazón.

Porque muchos engañan, o engañamos (yo también tengo mi manía a la hora de dormir, y desde luego no pienso contarla aquí a los cuatro vientos). Muchos, en el momento de pasar una noche por primera vez con alguien, escondemos nuestro pequeños secreto: el roñoso hipopótamo de peluche, la vieja almohadita que acarreamos a todas partes como si fuera la frazada de Linus, el pañuelo de seda casi desgarrado que necesitamos frotar entre dos dedos para dormirnos, el gorro de lana, los patucos, el antifaz, los tapones para los oídos, el trapo para envolver los pies, las orejeras, el pequeño muñeco de celulosa que tienes que meter bajo la almohada, los guantes, la bufandita al cuello, la bolsa de agua caliente.... Y así hasta el infinito. Y sin duda uno de los momentos cruciales del desarrollo de una relación es cuando por fin te atreves a confesar al otro que duermes con una pinza nasal para respirar mejor. ¡Son tan desmitificadores estos rituales! Jefes de Estado que se chupan el dedo para conciliar el sueño, terroristas de Al Qaeda que se acuestan con camellos de trapo...Ah, qué gran investigación sociológica y psicológica sería esa...

Desvelar el supremo secreto de nuestras manías nocturnas. ¿Cuál es la tuya?

El País, 08/01/2012

OTROS TÍTULOS PUBLICADOS
POR LA COLECCIÓN BOVARISMOS

Amor Fou

Marta Sanz

En palabras del escritor español Isaac Rosa: "*Amour fou* es, ironía del título al margen, una novela de amor. El amor como posibilidad llena de trampas, el amor como dolor, como enfermedad y locura(...)Una historia de humillados y ofendidos, frente a felices que pretenden disfrutar gratis del amor, sustraerlo al mercado, como si amar no fuese otra forma de poder adquisitivo, de desigualdad".

Noches de Obon

María José Rivera

Esta novela bien pudiera ser leída como un
libro de viajes. Algo debe, sí, a los road movies
del cine, pero sobre todo es un viaje interior y
tremendo al fuego de la pasión y al horror de la
venganza, con Barcelona, Marsella, Shanghai y
Kioto como escenarios y Montecristo flotando
sobre las aguas turbias de la irracionalidad. Las
Noches de Obon son también un paseo noc-
turno por aquel Oriente que nunca atravesó el
tamiz del pensamiento griego, con su animis-
mo y su tao, sus desencantos, sus miles de dio-
ses y su culto a los ancestros. Con sus inque-
brantables reglas sociales. El Oriente mítico
que no cuestiona la subordinación.

Luisa en el país de la realidad

Claribel Alegría

Reeditado en múltiples ocasiones y durante varios años material de lectura en universidades norteamericanas, *Luisa en el país de la realidad* es, según palabras de la autora, "un libro de disgresiones, de realidad y de sueños. En mi itinerario poético es el libro que más quiero".

El rap de la morgue y otros cuentos

Claudia Amengual

Hay una palabra, y un sentimiento, que no podrá encontrar el lector en ninguna de las nueve historias que se narran en El rap de la morgue y otros cuentos: la clemencia. Y hay una certeza que cruza y enhebra sus personajes: la más seca derrota. Ellos no lo saben pero en su soledad son seres iluminados por la verdad, aunque es una verdad que tarda, una verdad que ilumina y mata. No es otro su destino, y no puede serlo, porque el miedo, la rutina y la hipocresía les atenazan. Todos ellos quieren huir, pero terminan siempre huyendo hacia adelante.

Tonada de un viejo amor

Mónica Lavín

Tonada de un viejo amor es la novela con la que Mónica Lavín inaugura su trayectoria en el género de largo aliento. Piedra de toque de quien tiempo después deslumbraría con Yo, la peor, novela que obtuvo en el 2010 el Premio Iberoamericano Elena Poniatowska. En palabras de la escritora Myriam Moscona hay en Tonada..."llama la atención el manejo del erotismo que trasciende las escenas en donde los cuerpos buscan encontrarse." (...) "Un destino encarnado en un pueblo imaginario, los años cuarenta y cincuenta en el norte de México".

Made in the USA
Las Vegas, NV
05 February 2023

66910263R00073